Inteligencia Emocional

Los 21 Consejos y trucos más efectivos para la conciencia de uno mismo, el control de las emociones y el mejoramiento de tu Coeficiente Emocional.

Inteligencia Emocional

consentimiento expreso por escrito del Editor. Todos los derechos adicionales están reservados.

La información de las siguientes páginas se considera en general como un relato veraz y preciso de los hechos, y como tal, cualquier falta de atención, uso o uso indebido de la información en cuestión por parte del lector hará que las acciones resultantes queden exclusivamente bajo su responsabilidad. No hay escenarios en los que el editor o el autor original de este trabajo pueda ser considerado de alguna manera responsable por cualquier dificultad o daño que les pueda ocurrir después de haber tomado la información aquí descrita.

Además, la información que se encuentra en las siguientes páginas está destinada únicamente a fines informativos y, por lo tanto, debe considerarse universal. Como corresponde a su naturaleza, la información presentada no garantiza su validez ni su calidad provisional. Las marcas registradas que se mencionan se hacen sin consentimiento por escrito y de ninguna manera pueden ser consideradas como un endoso del titular de la marca registrada.

Tabla de Contenidos

Inteligencia Emocional

Introducción

¿Se estresa fácilmente? ¿Tiene dificultades para afirmarse a sí mismo y a sus necesidades? ¿Suele hacer suposiciones? ¿Hace todo lo posible para afirmar esa suposición? ¿Guarda rencor? ¿Tiene muchas discusiones? ¿Se siente a menudo incomprendido? ¿Le cuesta entender a los demás? ¿Cree que los demás son demasiado sensibles? ¿Se niega a escuchar el punto de vista de los demás? ¿Culpa a otras personas por sus errores? Si respondió afirmativamente a la mayoría de estas preguntas, es posible que tenga una baja inteligencia emocional.

Las personas con inteligencia emocional no le temen al cambio. No tienen miedo de hacer preguntas difíciles. Son pacientes y a la vez persistentes. También desarrollan fácilmente relaciones basadas en la confianza y el respeto. Además son capaces de resolver conflictos de manera positiva.

Hoy en día, no es suficiente tener un alto coeficiente intelectual para tener éxito, es también necesario tener una alta inteligencia emocional. Según los principales psicólogos, la inteligencia emocional afecta el rendimiento. Tiene un gran impacto en su éxito profesional. Un estudio realizado por TalentSmart muestra que la inteligencia emocional o IE (popularmente conocida como EQ) es el mayor predictor del rendimiento laboral. Esto se debe a que la inteligencia emocional es la base de todas las habilidades críticas - empatía, manejo de la ira, asertividad, flexibilidad, responsabilidad, comunicación, habilidades de presentación y tolerancia al estrés. Más del noventa por ciento de las personas que están haciendo un buen trabajo también tienen una alta inteligencia emocional. Un estudio también muestra que las personas con una alta inteligencia emocional ganan más dinero. No hay trabajo que no requiera una gran inteligencia emocional.

Por lo tanto, cada individuo debe desarrollar las habilidades maduras de inteligencia emocional necesarias para empatizar, entender y llevarse con otras personas.

La buena noticia es que la inteligencia emocional es algo que se puede desarrollar con el tiempo. Este libro contiene pasos prácticos y fáciles de seguir que le ayudarán a aumentar su inteligencia emocional.

En este libro, aprenderá:

- ✓ Qué es la inteligencia emocional
- ✓ Rasgos de personas con alta inteligencia emocional
- ✓ Rasgos de personas con baja inteligencia emocional
- ✓ 21 consejos prácticos que lo ayudarán a aumentar su inteligencia emocional
- ✓ Cómo establecer límites personales
- ✓ Cómo conocerse a sí mismo profundamente
- ✓ Cómo aumentar su optimismo y resistencia
- ✓ Historias reales de personas con una inteligencia emocional alta y baja
- ✓ 30 declaraciones de empatía
- ✓ 100 técnicas para ayudarle a vencer el estrés
- ✓ Y más!

La inteligencia emocional le ayuda a tomar buenas decisiones en la vida - en cierto sentido, ayuda a aumentar la calidad de su vida.

Es hora de salir de la montaña rusa emocional en la que se encuentra. Este libro le ayudará a entender y manejar sus emociones. Le ayudará a aumentar su autocontrol, conciencia, adaptabilidad, motivación y confianza. Sobre todo, le ayudará a entender mejor a otras personas para que pueda construir relaciones más profundas y significativas.

Gracias de nuevo por comprar este libro y espero que lo disfrute.

La verdad sobre la inteligencia emocional

Todos sabemos lo que es el coeficiente intelectual (es la medida de su inteligencia). Tener un alto CI es como tener un alto capital cognitivo en la economía de la información. Le ayuda a resolver problemas y a aprender cosas rápidamente. También le ayuda a superar los trastornos de atención. El alto CI está asociado con el estatus ocupacional y el éxito, las habilidades perceptivas, la sensibilidad emocional, la preferencia artística, el altruismo, la motivación para conseguir logros, las habilidades lingüísticas y el conocimiento práctico.

Pero, muchos expertos dicen que tener un alto coeficiente intelectual no es suficiente. También es necesario tener una inteligencia emocional alta para prosperar en este mundo moderno.

La inteligencia emocional a menudo se conoce como EI o EQ (coeficiente emocional). El término fue popularizado por Daniel Coleman en su libro de 1995 titulado "Inteligencia Emocional". Desde entonces, la palabra "inteligencia emocional" se ha convertido en una palabra de moda entre los expertos en psicología y ciencias del comportamiento.

La Inteligencia Emocional se define como la habilidad de identificar y entender nuestras propias emociones y las de los demás. La inteligencia emocional está asociada con importantes habilidades como el autocontrol, la conciencia social, la capacidad de vencer el estrés, la responsabilidad, la capacidad de escuchar, la apertura mental, las habilidades de comunicación, la confiabilidad, la conciencia, la automotivación y la simpatía.

Para entender mejor esta definición, echemos un vistazo al caso de Jackie - un gerente intermedio de una compañía de desarrollo de software. Tiene un título de la Universidad de Harvard y es excepcionalmente inteligente. Tiene una gran pasión por la codificación y puede crear y leer códigos en varios idiomas.

Es impulsiva y tiene la capacidad de impulsar la excelencia. Definitivamente tiene un alto coeficiente intelectual. Pero, su vida está desequilibrada. Está demasiado obsesionada con el trabajo como para comprometer sus relaciones y su salud. También le falta humildad. Ella cree que es la única que puede hacerlo todo, así que microgestiona a sus empleados.

No escucha a sus empleados y rechaza ideas que no le pertenecen. También carece de empatía y no tiene responsabilidad. Cuando las cosas van mal, ella busca una puerta de escape - alguien a quien culpar por sus errores y defectos. Es de mente cerrada y roba créditos por tareas y proyectos terminados. Intimida a sus empleados para que vean las cosas a su manera.

Debido a esto, no puede obtener lo mejor de su gente. Despide a la gente por capricho y a menudo se involucra en una lucha de poder con sus co-gerentes. Cuando está estresada, ataca a su equipo. La firma fue demandada por agravios emocionales tales como la imposición intencional de angustia a los empleados, difamación y abuso de proceso. El jefe de Jackie no tuvo más remedio que despedirla.

Jackie tiene baja inteligencia emocional. Las personas con baja inteligencia son impacientes y a menudo sienten que otras personas no entienden su punto de vista. Piensan que ser querido en el trabajo es innecesario y está sobrevalorado. No entienden cómo se sienten los demás y tratan de minimizar los sentimientos de los demás. Tienen dificultades para mantener una buena relación y no pueden hacer frente a las emociones negativas. Carecen de responsabilidad y empatía. Tienen la tendencia a trivializar las emociones en general. Les falta compasión y les gusta jugar.

Ahora, veamos a otra persona con baja inteligencia emocional - Christine. Es programadora de computadoras. Ella es generalmente una buena persona hasta el punto que permite que la gente se aproveche de ella. Es incapaz de decir que no, así que está muy delgada. También se siente abrumada y se estresa con facilidad. Además tiene una mente cerrada y no está abierta a nuevas ideas. Interrumpe constantemente a otras personas y tiene pocas habilidades para escuchar.

Aunque ella es de las buenas, Christine es incapaz de perdonar. Hace cinco años, su prometido,

Kurt, la dejó en el altar. Han pasado cinco largos años, pero Christine sigue amargada. Es incapaz de establecer nuevas relaciones. También es propensa al colapso emocional cuando se expone a situaciones estresantes. Está atrapada en un trabajo que no le gusta desde hace cinco años ya que no le gustan los cambios. Tiene miedo de probar cosas nuevas y salir de su zona de confort. Ella espera lo peor en cada situación.

Al igual que Jackie, Christine tiene una baja inteligencia emocional. Las personas con baja inteligencia emocional son a menudo pesimistas e invalidan la alegría de los demás. A menudo necesitan reglas para sentirse seguros. Son rígidos, inflexibles y temerosos de probar algo nuevo. Son rencorosos y no perdonan. A menudo se presentan como víctimas.

Ahora, echa un vistazo a la historia de Ann. Ann nació en una familia pobre. Sus padres no tenían suficiente dinero para enviarla a la universidad así que Ann tuvo que trabajar en McDonald's para ir a la universidad. Fue difícil, pero fue persistente. Ella quería salir de la pobreza, así que trabajó duro. Después de graduarse de la universidad, fue contratada como gerente junior en una empresa de desarrollo de software.

Ann era muy querida porque escuchaba a sus subordinados. Dejó que su equipo tuviera tiempo para descansar. Era buena en la lectura de pistas y en el lenguaje corporal. Ella usó estas habilidades para motivar e influenciar en su equipo. Debido a esto, su equipo de desarrollo de software se desempeñó consistentemente bien y Ann fue finalmente ascendida a vicepresidenta en sólo tres años en la compañía.

Ann tiene la habilidad de identificar sus emociones. Sabe cuándo está estresada, por lo que utiliza formas saludables de reducir su estrés: corre, toca instrumentos musicales y escribe en un diario. También utiliza el humor para enfrentarse a retos y situaciones difíciles. Tiene un buen equilibrio entre el trabajo y la recreación. No guarda rencor y trata los conflictos con calma. Se pone en el lugar de los demás.

Por eso, es muy querida en el trabajo. Ann está lo suficientemente segura como para saber que es buena en su trabajo. Pero, ella es lo suficientemente humilde como para saber que no puede hacerlo todo. Ella sabe cuándo delegar, pero no simplemente pasa la responsabilidad a sus subordinados. Constantemente controla a su gente para asegurarse de que están bien atendidos.

Las personas con una alta inteligencia emocional son conscientes de sus emociones. Saben lo que los hace felices, tristes, frustrados, estresados y cansados. Debido a esto, son capaces de manejar sus emociones y responder a ellas en consecuencia.

Las emociones no son ni buenas ni malas. Pero, son apropiadas o inapropiadas y también son negativas o positivas. La ira, por ejemplo, es una emoción negativa, pero enojarse no es necesariamente algo malo. La ira le ayuda a identificar sus límites personales. Le ayuda a señalar las cosas que no está dispuesto a tolerar. Pero, atacar a alguien que se tropezó con sus zapatos es un poco inapropiado, por decir un ejemplo.

Veamos otra emoción: la felicidad. Es una emoción positiva. En su forma más pura, no es ni buena ni mala. Es sólo una emoción. Pero, si te sientes feliz cuando alguien más fracasa, tu felicidad es definitivamente inapropiada.

Las personas emocionalmente inteligentes expresan emociones que son apropiadas para la situación. Son capaces de interpretar y responder adecuadamente a sus propias emociones. También tienen la capacidad de reconocer y responder apropiadamente a las emociones de otras personas.

Las personas con alta inteligencia emocional son compasivas, pero también son asertivas. No permiten que otras personas los pisoteen ni les falten el respeto. Son humildes, pero también son conscientes de su valor. Expresan sus sentimientos de manera clara y directa. También tienen la capacidad de equilibrar las emociones con la realidad, la lógica y la razón. No dudan sobre las cosas pequeñas y definitivamente no gritan a los camareros por traer la orden equivocada. Las emociones negativas como el miedo o la ansiedad no las paralizan.

Las personas emocionalmente competentes son a menudo optimistas, pero también realistas. Se interesan por las emociones de los demás. Son resistentes y se mantienen fuertes incluso cuando se enfrentan a desafíos y adversidades.

Según Daniel Coleman, hay cinco áreas claves de la inteligencia emocional: autoconciencia, motivación, autorregulación, empatía y habilidades sociales.

Autoconciencia

Siempre se nos dice que cultivemos la autoconciencia. Lamentablemente, no todos somos conscientes de quiénes somos.

Según los sabios filósofos chinos, la autoconciencia es el arma más fuerte que puede usar para defenderse de sus enemigos. Cuando tiene un fuerte sentido de quién es usted, es difícil que otras personas lo manipulen.

La autoconciencia también está ligada a la humildad. Cuando tenga una evaluación precisa de quién es, sabrá que el mundo no gira a su alrededor. Cuando es consciente de quién es, es más fácil llegar a ser quien quiere ser.

La autoconciencia le ayuda a desarrollar todo su potencial. Le ayuda a ejercitar la compasión y el autocuidado.

Empatía

La empatía es la capacidad de ponerse en los zapatos de otras personas. Es la capacidad de entender los sentimientos y experiencias de otras personas. Le ayuda a entender mejor a la gente y mejora su competencia cultural. Mejora sus habilidades de liderazgo ya que es una herramienta que puede usar para motivar a otros.

La empatía es probablemente la habilidad más importante que puede desarrollar. Le permite tratar a la gente como ellos quieren que los trate. Es importante porque le permite construir relaciones significativas. Le ayuda a lidiar con los conflictos interpersonales y ayuda a reducir las tensiones.

Habilidades sociales

¿Evita hablar con otros? ¿Habla sólo de usted mismo? ¿Suele hablar mal de los demás? ¿Le falta paciencia? ¿Le resulta difícil escuchar a los demás? ¿Le resulta difícil comprometerse? ¿Piensa demasiado en las respuestas de otras personas cuando está en una reunión social? ¿Le resulta difícil encontrar puntos en común con la mayoría de la gente? ¿Es impopular? ¿Dice las cosas equivocadas todo el tiempo? ¿Odia estar con mucha gente? ¿Le resulta difícil entender las normas sociales? ¿Mira su teléfono cuando habla con alguien?

Si respondió afirmativamente a la mayoría de estas preguntas, lo más probable es que carezca de habilidades sociales. Tener grandes habilidades sociales le ayuda a construir relaciones significativas. Aumenta su eficiencia porque no tiene que evitar a la gente que no le gusta tanto. Le permite establecer una carrera floreciente.

Las personas con un alto nivel de Inteligencia Emocional son mariposas sociales, por lo que generalmente son simpáticas. Son pacientes. También están abiertos a nuevas ideas. Sonríen cuando hablan con otros. Por lo general, son amigables y serviciales. Y escuchan antes de hablar.

Gestión Emocional

¿Con frecuencia experimenta una crisis nerviosa cuando está expuesto a un estrés extremo? ¿Tiene sentimientos persistentes de culpa? ¿Tiene temores irrazonables? ¿Le cuesta controlar su enojo? Si le cuesta controlar las emociones negativas como la culpa, el estrés, el miedo y la ira, definitivamente tiene un nivel bajo de Inteligencia Emocional.

Pero, ¿qué tan importante es controlar sus emociones? Para ilustrar la importancia de la gestión emocional, veamos la historia de Walter, un ingeniero electrónico. Generalmente es un buen tipo. Ama a su familia y también es muy trabajador. Pero, Walter también es emocionalmente inestable. Es temperamental. Tiene tendencia a ponerse violento cuando pierde los estribos y se enfada por pequeñas cosas.

Un día, su esposa, Fern, sacó la caja de herramientas de Walter y le pidió prestado su martillo para hacer un simple trabajo de carpintería. Pero, se olvidó de devolverlo. Después de un largo día de trabajo, Walter encontró su martillo en el suelo. Ahora, una persona emocionalmente estable tomaría el martillo y dejaría pasar esto. Pero, Walter es un desastre emocionalmente hablando. Se enfadó tanto porque su martillo no estaba en el lugar correcto que golpeó a su esposa por ello. Desolado, Fern dejó a Walter y se llevó a sus dos hijos con ella.

La capacidad de manejar sus emociones le ayudará a manejar los conflictos de una manera más saludable. Aumenta su razonamiento lógico y su paz interior. También le permite resistirse a la manipulación emocional. Le ayuda a mantenerse fresco incluso cuando alguien está "presionando sus botones".

Echemos un vistazo a la vida de una mujer encantadora y emocionalmente estable, llamada Kylie, que trabaja en una empresa de publicidad. Su trabajo es realmente genial y emocionante. Se desempeñó consistentemente bien y estaba lista para ser ascendida. Esto enfureció a sus colegas más antiguos. Sus compañeros de trabajo trataron de provocarla para que desviara su atención. Trataron de hacer que se sintiera inútil e indigna hablando con ella y difundiendo rumores sobre ella.

Afortunadamente, Kylie tiene un alto nivel de Inteligencia Emocional. Ella es consciente de sus desencadenantes emocionales, por lo que es fácil para ella controlar sus emociones cuando se le provoca. Cuando sus compañeros de trabajo hacen comentarios desinteresados, ella respira hondo y trata de ignorarlos. Ella no se toma estas declaraciones como algo personal. Entiende que estos comentarios son sólo el resultado de los celos y las creencias limitantes de sus colegas. Trata de alejarse de las cosas y situaciones que la hacen sentir incómoda.

Auto-motivación

Es difícil levantarse por la mañana cuando no se está motivado, se sentirá cansado y deprimido todo el tiempo. Le costará mucho terminar sus tareas y alcanzar su meta.

Echemos un vistazo a la vida de Karen, una estudiante de medicina. Es brillante y quería ser doctora desde que era una niña. Estaba decidida a convertir ese sueño en realidad. Pero, algo pasó durante su segundo año en la escuela de medicina. Su hermano fue diagnosticado con una enfermedad rara. El médico no pudo hacer nada para salvarlo. Después de seis meses de lucha, su hermano murió. Ello destrozó el corazón de Karen. No sabía adónde ir ni qué hacer. Todo parecía sombrío. Dejó la facultad de medicina y trabajó como transcriptora médica.

Ella no se desempeña bien en su trabajo. Siempre comete errores. Es pasiva y pospone las cosas todo el tiempo. Muchos de sus colegas piensan que es perezosa. Pero, la verdad es que le falta motivación.

Si usted cree estar atascado en la vida, puede carecer de auto-motivación - el fuego interno que alimenta su deseo de alcanzar un logro. Oséa, en cierto modo, lo que le ayuda a ganar en la vida aumenta su satisfacción personal y le ayuda a alcanzar su potencial.

Todas las facetas de la inteligencia emocional (habilidades sociales, autoconciencia, autorregulación, automotivación y empatía) son igualmente importantes. Para prosperar en la vida, usted necesita tener la habilidad de reconocer sus emociones y regularlas. También necesita aumentar su motivación para alcanzar su máximo potencial. Y sobre todo, usted debe tener empatía y habilidades sociales para construir relaciones profundas y significativas.

La inteligencia emocional es la herramienta más poderosa que puede usar para manejar las situaciones más incómodas. Si usted es un representante de servicio al cliente, la inteligencia emocional le ayuda a tratar con clientes difíciles. Si es un soldado, puedes usar su EI o EQ para aumentar su fuerza mental en medio del caos y la violencia que lo rodea. Si usted es un líder, la IE le ayuda a construir relaciones con sus subordinados y a crear una cultura unificada de tolerancia y optimismo.

Quienquiera que sea y haga lo que haga, necesita tener una alta inteligencia emocional para prosperar y tener éxito en la vida.

Tip # 1: Desarrolle un fuerte sentido de quién es usted

Hay una persona con la que pasamos la mayor parte de nuestros días: con nosotros mismos. Sin embargo, es una ironía que la mayoría de nosotros no nos conozcamos muy bien.

Para manejar efectivamente sus emociones, usted debe tener un fuerte sentido de quién es usted; debe tener una clara comprensión de sus fortalezas, debilidades, rasgos, gustos y disgustos. Usted debe saber qué es lo que lo hace funcionar y qué es lo que lo hace enloquecer.

Para saber más sobre usted mismo, practique a escribir todo lo que sabe sobre usted mismo hasta ahora:

¿Qué clase de persona es?

¿Qué lo pone triste?

¿Qué lo hace feliz?

¿Quién lo hace feliz?

¿Es una persona alegre?

¿Qué lo hace saltar de la cama?

¿Le gusta ayudar a los demás?

Conocerse a sí mismo no sólo aumenta su inteligencia emocional, sino que también le permite tomar buenas decisiones en la vida. Evita que tome malas decisiones. Le permite identificar sus pasiones y hacer las cosas que son importantes para usted.

La autoconciencia le permite regular sus emociones. Aumenta la resistencia - un rasgo invisible que le permite recuperarse cada vez que es derribado por los desafíos.

Amy Poehler, una chica graciosa, dijo: "Atraes las cosas correctas cuando tienes una idea de quién eres". No puede lograr grandes cosas a menos que sepa quién es realmente. El autoconocimiento es también el punto de partida para la superación personal.

Para ilustrar este punto, estudiemos la historia de Edward, un joven abogado. Es un hombre brillante, pero no sabe quién es. Hasta ahora, no tiene sentido de quién es. Hace cosas sólo para encajar.

Se involucra con gente con un comportamiento agradable. No es consciente de sus valores y de lo que es importante para él. Por lo tanto, es incapaz de resistir los halagos y otras formas de manipulación.

Cuando se graduó de la escuela de leyes, fue contratado como asociado en un gran bufete de abogados. En ese momento, no sabía cuáles eran sus prioridades. Construyó una carrera protegiendo criminales. Cuando cumplió 60 años, era rico y exitoso, pero se sentía vacío. No sabía lo que representaba, no era capaz de encontrar su propósito en la vida, y en su lecho de muerte, todo lo que obtuvo fueron arrepentimientos.

La autoconciencia es uno de los activos más valiosos que puede tener. Le ayuda a jugar con sus puntos fuertes y a adaptarse a cualquier situación. También le permite identificar sus debilidades.

Hay cinco bloques de construcción que forman lo que usted es - sus valores, intereses, temperamento, misión de vida, y fortalezas personales.

Los valores se definen como preferencias generales de los resultados y acciones apropiadas. Sus valores se reflejan en lo que está bien y lo que está mal. Sus valores para influir en su comportamiento y actitudes. Para saber cuáles son sus valores, mire la lista a continuación y marque la casilla junto a los valores que son importantes para usted:

- [ ] Respeto
- [ ] Equilibrio
- [ ] Apertura
- [ ] Lealtad
- [ ] Reputación
- [ ] Balance
- [ ] Belleza
- [ ] Audacia
- [ ] Creatividad
- [ ] Fama
- [ ] Humor
- [ ] Honestidad
- [ ] Amor
- [ ] Influencia
- [ ] Aceptación
- [ ] Ambición
- [ ] Calma
- [ ] Alegría
- [ ] Claridad
- [ ] Credibilidad
- [ ] Devoción
- [ ] Elegancia
- [ ] Empatía
- [ ] Flexibilidad
- [ ] Honor

- [ ] Independencia
- [ ] Intimidad
- [ ] Astucia
- [ ] Liderazgo
- [ ] Conocedor
- [ ] Vencimiento
- [ ] Pasión
- [ ] Persistencia
- [ ] Lúdico
- [ ] Precisión
- [ ] Prudencia
- [ ] Descanso
- [ ] Dedicación
- [ ] Cooperación
- [ ] Perdón
- [ ] Tolerancia
- [ ] Integridad
- [ ] Esfuerzo
- [ ] Autocontrol
- [ ] Sacrificio
- [ ] Simplicidad
- [ ] Sofisticación
- [ ] Tacto
- [ ] Gratitud

- ☐ Confiabilidad
- ☐ Variedad
- ☐ Vigor
- ☐ Celo
- ☐ Sabiduría
- ☐ Sanidad
- ☐ Autenticidad
- ☐ Cáscara
- ☐ Valor
- ☐ Victoria
- ☐ Valor
- ☐ Tradicionalismo
- ☐ Minuciosidad
- ☐ Templanza
- ☐ Éxito
- ☐ Fuerza
- ☐ Estabilidad
- ☐ Espiritualidad
- ☐ Espontaneidad

Para vivir una vida plena, debe saber cuáles son sus valores. ¿Cooperan con otros? ¿La integridad es importante para usted? ¿Es honesto o miente mucho? ¿Va a la iglesia? ¿Dice "gracias" cuando alguien intenta hacer algo bueno por usted?

Interés

Sus intereses incluyen sus pasatiempos y pasiones - actividades que le gustan hacer y cosas que le despiertan curiosidad. Para averiguar cuáles son sus intereses, siéntese en una silla y respire profundamente. Piense en las cosas que le conciernen. ¿Le preocupa el medio ambiente o la forma física? ¿Le dedica tiempo a la agricultura? ¿Le gusta pasar sus días en un gimnasio? ¿Le gusta escribir sus pensamientos y sentimientos? ¿Le gusta crear arte y artesanía? ¿Qué hace que olvide la hora?

Temperamento

Su temperamento es su naturaleza. Describe cómo reacciona y responde al mundo. Es la base de su personalidad. Su temperamento no es un estado de ánimo o actitud pasajera. Permanece constante a lo largo de su vida incluso cuando su personalidad cambia.

Existen cuatro temperamentos:

1. Sanguinas

Leona es una representante de servicio al cliente en una tienda de diseño y es buena en su trabajo. Ella cuida de sus clientes. Es amigable y servicial. Es muy valiente. Una vez intentó saltar de un avión (haciendo paracaidismo, por supuesto) También nadó con los tiburones ballena cuando era adolescente. Aunque Leona es inteligente, el éxito no es tan importante para ella. Sólo quiere divertirse. Leona es una sanguina.

Las sanguinas son mariposas sociales. Les gusta estar cerca de la gente y generalmente es fácil estar cerca de ellos. Son optimistas, cálidos, orientados a la gente y compasivos. Son llamativos y burbujeantes. Tienen un buen sentido del humor y generalmente son el alma de la fiesta.

Las sanguinas son buscadoras de placer. Anhelan todas las cosas buenas de la vida. Esto podría conducir a deudas de tarjetas de crédito o a un sobrepeso. Tampoco son capaces de comprometerse con nada, ya que prefieren la espontaneidad a la estructura. Son más habladoras que oyentes. Son expresivas, dramáticas, y les encanta estar en el centro de la atención. Son naturalmente extrovertidas, por lo que prosperan en la industria del marketing, la moda y el entretenimiento. También se destacan en deportes de equipo.

2.   Melancólicos

Los melancólicos son perfeccionistas. Son idealistas y tienen unos estándares muy altos que no son realistas. Se critican constantemente a sí mismos y a los demás. Son neuróticos y sobre-analizan constantemente las cosas y las situaciones. Planean y piensan antes de actuar. También se quejan mucho y son pesimistas. Siempre asumen lo peor.

Son introvertidos por naturaleza y prefieren mantener un círculo íntimo de unos pocos amigos de confianza. Pueden ser egoístas, posesivos e intensos. También son muy emocionales: se lastiman fácilmente y pueden estar de mal humor. Son tranquilos, pero seguros de sí mismos. También prestan atención a los detalles.

Vincent Van Gough, Marie Curie, Albert Einstein y Audrey Hepburn tienen un temperamento melancólico. La contabilidad, la administración y el trabajo social son carreras perfectas para personas con temperamento melancólico.

3.   Coléricos

Calista nació en el seno de una familia pobre de Queens. Sus padres no tenían suficiente dinero para enviarla a la escuela, pero ella fue persistente. Cuando tenía diez años, se prometió a sí misma que saldría de la pobreza. Trabajó haciendo trabajos esporádicos para ingresar a la escuela de negocios. Luego, construyó un negocio de manufactura desde cero. Ella es impulsiva y no dejaría que nadie se interponga en su camino hacia el éxito.

Calista se hizo millonaria antes de cumplir 30 años. Aunque es extremadamente atractiva y rica, no es simpática. Es mandona y manipula a la gente para lograr sus objetivos. Es extremadamente egocéntrica y puede ser cruel. Tiene una baja tolerancia para el mal desempeño. Calista tiene un temperamento colérico.

Las personas coléricas son irritables y de mal genio. Están orientados a los objetivos, tienen una fuerte voluntad y son decisivos. Están bien organizados y suelen tener un alto rendimiento. Son persistentes y son excelentes para manejar situaciones de emergencia. También son decisivos y engreídos.

Las personas con temperamento colérico generalmente tienen éxito en cualquier cosa que hagan. Pero pueden ser arrogantes y groseros. Tienen la tendencia a utilizar a otras personas para lograr sus objetivos.

Vladimir Lenin, Alexander Hamilton y Donald Trump tienen tipos de personalidad colérica.

4.   **Flemático**

Las personas flemáticas son reservadas, no calientes y relajadas. Son la definición andante de la palabra "frío". Tienen buen sentido del humor y son pacíficos.

Los líderes flemáticos no se mueven tan rápidamente como los líderes coléricos, pero son más efectivos la mayor parte del tiempo. Son un gran mediador. Son deliberados y por lo general toma un tiempo antes de que puedan tomar una decisión. Son persistentes y generalmente son emocionalmente estables, empáticos, bien educados y confiables.

Pero, la gente flemática tiende a ser indecisa y sumisa. Les resulta difícil decir que no. No tienen el deseo de ganar, sólo quieren la paz. Sólo quieren llevar una vida estable y tranquila. No se destacan y tienen la tendencia a ser santurrones. Pueden ser críticos y pasivo-agresivos. Prosperan en industrias como la gestión empresarial, la programación, la ingeniería, las matemáticas y la tecnología.

Walt Disney, Bill Gates, Steve Wozniak, Abraham Lincoln y Nikola Tesla son algunos de los famosos flemáticos.

Fortalezas y debilidades personales

Sus fortalezas personales consisten en sus talentos, habilidades, destrezas y rasgos de personalidad favorables. Para conocerse mejor a sí mismo, debe ser consciente de sus fortalezas personales. ¿Es inteligente, valiente o ingenioso? ¿Es una persona inspiradora, lógica, responsable, espontánea y persistente? ¿Qué le hace perder la noción del tiempo? ¿Cuáles son las cosas que puede hacer sin mucho esfuerzo?

Hacer un inventario de sus fortalezas personales de vez en cuando no sólo aumenta su autoconciencia. También aumenta la confianza en sí mismo.

Nadie es perfecto, así que usted también debe tener una idea de sus debilidades personales. Tener una clara comprensión de sus debilidades le ayuda a crecer. ¿Es usted imprudente, desordenado, desorganizado o insensible? ¿Suele postergar las cosas? ¿Es perezoso e indisciplinado?

Una vez que tenga una clara comprensión de sus fortalezas y debilidades, le resultará más fácil concentrarse en sus áreas de mejora. Esta comprensión también le permite seguir haciendo lo que se le da bien. Si es bueno escribiendo códigos, puede ser una buena idea que se convierta en programador de computadoras.

Misión de vida

Una vida sin propósito es una vida vacía. Cada uno de nosotros tiene una meta o una misión en la vida. Para vivir una vida feliz, debe ser consciente de cuál es su misión en la vida y enfocar su energía en el cumplimiento de esa misión.

Para identificar la misión de su vida, responda las siguientes preguntas:

1. ¿Qué quiere lograr en cinco o diez años?

2. ¿Qué áreas de su vida quiere cambiar?

3. ¿Qué actividades lo hacen feliz?

4. ¿Qué lo hace sentir con energía?

5. ¿Qué actividades le hacen perder la noción del tiempo?

6. ¿Qué le hace sentir bien consigo mismo?

7. ¿En qué es naturalmente bueno?

8. ¿Cuál es su deseo más profundo?

9. ¿Cuáles son sus valores más profundos?

Siéntese en una silla y cierre los ojos. Luego, visualice cómo es su vida ideal. Deje que sus pensamientos fluyan. Usualmente estas visiones revelan sus deseos, propósito y misión.

La autoconciencia es una de las mejores armas que puede usar contra todos los males del mundo. Si usted sabe quién es, es más fácil para usted lograr sus sueños y establecer límites. También es más fácil para usted establecer relaciones más significativas.

Tip #2: Reflexione sobre sus propias emociones

Para aumentar su inteligencia emocional, usted debe identificar con precisión sus emociones. Para hacer esto, usted necesita ir más allá de lo obvio para identificar sus sentimientos. La ira, por ejemplo, es una emoción que se caracteriza por el antagonismo. Es una emoción intensa que aumenta su ritmo cardíaco y eleva su presión arterial. Usualmente nos sentimos enojados cuando alguien cruza la línea. Pero, a menudo confundimos la ira con otras emociones negativas como la frustración, la impaciencia, la molestia y la irritación.

Cuando sienta un enojo intenso, pregúntese si está realmente enojado o si simplemente se sintió hambriento, a la defensiva, molesto, irritado u ofendido?

Al igual que la ira, la tristeza es también una emoción general. Cuando usted se siente triste, puede sentirse desilusionado, consternado, paralizado, decepcionado o arrepentido.

Cuando sienta algo, tómese el tiempo para pensar cuál es realmente esa emoción. ¿Está herido o celoso? ¿Está ansioso o estresado? ¿Está contento o simplemente agradecido?

Para mejorar su Inteligencia Emocional, usted debe ser capaz de determinar con precisión sus sentimientos. También debe ser capaz de identificar la intensidad de sus emociones y cómo responde a ciertas situaciones.

Cómo responde cuando:

- Recibe un correo electrónico enojado de su jefe.
- Cuando su cónyuge o amante lo culpa por algo que no es su culpa.
- Cuando su compañero de trabajo llora inesperadamente.
- Cuando está cansado después de un largo día de trabajo.
- Cuando otro conductor lo cierra en la carretera.
- Cuando se muda a un nuevo hogar.
- Cuando es despedido.
- Cuando no tiene suficiente dinero para pagar sus cuentas.

- Cuando sus hijos se enferman.
- Cuando tiene hambre.
- Cuando viene a su mente un recuerdo traumático de la infancia.
- Cuando se encuentra con una ex que lo hirió profundamente.

Cuando usted está consciente de sus emociones, puede manejarlas fácilmente. Por lo tanto, tómese unos minutos todos los días para simplemente identificar sus emociones y analizar cómo responde a ellas.

Tip # 3: Preste atención a su lenguaje corporal emocional

Su cuerpo es su templo. Es la posesión más valiosa que jamás tendrá. También es su brújula emocional. Si le cuesta identificar sus emociones, tiene que escuchar lo que su cuerpo le está diciendo. Tiene que prestar atención a su lenguaje corporal emocional.

He aquí una lista de las emociones más comunes y cómo reacciona su cuerpo ante ellas:

1. Ira

Normalmente aprieta el puño cuando está enfadado. Su ritmo cardíaco aumenta y sentirá calor en la cara y el cuello. También apretaría las mandíbulas y podría sentir dolor de cabeza y dolor de estómago.

2. Celos

Ese dolor de estómago que ha estado experimentando últimamente puede ser causado por el monstruo interior de ojos verdes. Los celos aumentan su presión arterial. También causa dolor en el intestino al aumentar la producción de hormonas de lucha como la noradrenalina y la adrenalina.

3. Tristeza

Harry ha ganado peso en los últimos seis meses. Ha estado comiendo sin parar. Pensó que sólo tenía hambre. Pero, la verdad es que Harry estaba deprimido. Está luchando con el aislamiento emocional y la soledad durante mucho tiempo. Está en una madriguera de conejos y su único amigo era la comida.

Si usted está triste, sentirá una variedad de síntomas negativos. Sentirá dolores de cabeza, dolores de espalda, dolores musculares, agotamiento y dolores de pecho. También experimentará un aumento de peso.

4. Felicidad

Cuando está feliz, se siente mareado por dentro. Es como si se deslizara en un arco iris o flotara en el aire. La felicidad es una emoción positiva con síntomas físicos positivos. Los estudios demuestran que la felicidad aumenta la longevidad. Cuando está contento, sus músculos se relajan y tiene un lenguaje corporal abierto.

5. Miedo

El miedo es una emoción poderosa que lentamente mata su espíritu ylte impide vivir la vida que merece.

Cuando tiene miedo, hace lo mejor que puede para mantenerse en su zona de confort. Esto puede evitar que crezca y se convierta en lo mejor que pueda ser. Dice que sí, incluso cuando quiere decir que no. También inicia a procrastinar porque le teme al rechazo, al juicio, a la incertidumbre, a la crítica e incluso al éxito. Queda paralizado y no puede tomar una decisión.

Cuando usted tiene miedo, experimentará diferentes síntomas físicos tales como temblores, sudoración, latidos cardíacos rápidos, boca seca, náuseas, inquietud, ojos anchos, palmas de las manos sudorosas, pupilas dilatadas, aumento de la presión arterial y músculos tensos.

6. Vergüenza

La vergüenza es una fuerte emoción negativa que puede destruir la confianza en uno mismo y la autoestima. Es una emoción peligrosa que puede llevar al complejo de inferioridad. También le impide vivir una vida libre y feliz.

Cuando usted siente vergüenza, su cara se ruboriza y no puede mantener el contacto visual y también puede encorvarse.

7. Culpa

¿Suele tener insomnio por la noche? ¿Evita a la gente a la que cree que ha hecho mal? ¿Evita el contacto visual? ¿Está a menudo ansioso y nervioso? Si respondió afirmativamente a la mayoría de estas preguntas, es posible que sea culpable de algo.

La culpa aumenta su ritmo cardíaco. Causa náuseas y aumenta la temperatura corporal. También puede llegar a tener una mala postura.

Su cuerpo es su templo y su brújula emocional. Debería cuidarlo y escucharlo.

Tip # 4: Sepa cuándo es suficiente

Vivian es una optometrista brillante. Es amable y compasiva. Pero también es una especie de "tapeto". Ella tiene una gran necesidad de aprobación. Tiene miedo de cometer errores y hace todo lo que puede para evitar conflictos. Ella permite que la gente camine sobre ella. Ella siente que la gente sólo la llama cuando la necesita. No tiene límites, así que termina extendiéndose demasiado. Entonces, un día, se hartó y tuvo un ataque de nervios. Se cayó por la "madriguera del conejo" y no pudo salir de ella.

Para prosperar en la vida, debe saber lo que tolerarías y lo que no tolerarías. Debería trazar una línea.

Las personas con un alto nivel de Inteligencia Emocional saben quiénes son. Saben lo que van a aceptar y lo que no. Para aumentar su inteligencia emocional, usted debe saber cuándo es suficiente, debe ser capaz de establecer límites siguiendo estos pasos:

1. Usted debe desarrollar un respeto saludable por sí mismo.

Oiga, usted también es importante. Sus necesidades también son importantes. Debería saber que es una persona valiosa. Cuídese y no deje que otras personas definan quién es usted. Debe asumir la responsabilidad de su vida.

2. Debería establecer sus límites.

Todos tenemos límites. No se pueden establecer límites personales si no se es consciente de lo que se puede y no se puede tolerar. Tome tiempo para identificar sus límites espirituales, físicos, emocionales y mentales.

¿Qué opinas de prestarle dinero a sus amigos? ¿Se siente cómodo cuando alguien lo toca de una manera sexual? ¿Se siente incómodo cuando alguien mete sus creencias espirituales en la garganta?

3. No se responsabilice por las emociones de otras personas.

Para vivir una vida feliz y libre de drama, usted debe evitar tomar responsabilidad por las emociones de otras personas. Usted no es responsable del drama y las emociones de otras personas. Por lo tanto, evite dar consejos no solicitados y no se sienta culpable por las desgracias de otras personas.

4. Hable con la gente que cruza sus límites personales.

Si usted siente que su compañero de trabajo o su cónyuge no está respetando su tiempo, hablelo. Comunique sus límites a las personas que le rodean de una manera tranquila y digna.

5. Manténgase alejado de las personas que no respetan sus límites.

Algunas personas continuamente cruzan sus límites y si esto sucede, tiene que mantenerse alejado de ellas. Para aumentar su inteligencia emocional y mejorar su salud mental, tiene que evitar a las personas que no respetan sus límites, tiempo y valores.

Estar consciente de los límites personales hace que sea más fácil para usted manejar sus emociones. También aumenta su autoestima.

Tip #5: Aleje el enfoque de usted mismo y concéntrese en los demás

Todos vivimos dentro de una burbuja imaginaria. Todos tenemos nuestro propio mundo. Tenemos la tendencia a centrarnos en nosotros mismos - nuestros pensamientos, necesidades, arrepentimientos y tristezas.

Para aumentar su inteligencia emocional, usted debe tratar de cambiar su enfoque lejos de usted mismo y enfocarse en los demás.

1. Reduzca su necesidad de aprobación. Tiene que dejar la mentalidad de "por favor, notame y fíjate en mí".

2. Tómese su tiempo para observar a las personas que lo rodean: su postura, expresiones faciales y tono de voz. Esto le ayudará a identificar lo que están sintiendo.

3. En este mundo moderno, a todos nos enseñan a no preocuparnos por los demás. Pero, es importante que ésto le importe un bledo. Para aumentar su inteligencia

emocional, es importante tratar de entender a otras personas.

4. Esté ahí para los demás cuando lo necesiten. Tómese su tiempo para escuchar a las personas que le importan.

5. Preste atención a la apariencia general. Tómese su tiempo para notar la apariencia de otras personas. ¿Llevan ropa informal? ¿O están usando trajes formales? Las personas que se visten para el éxito suelen ser ambiciosas, mientras que las que usan ropa informal son más enérgicas y relajadas.

6. Compruebe la postura. Las personas que mantienen la cabeza en alto están seguras de sí mismas y son más felices con sus vidas. Pero, en algunos casos, estas personas también pueden tener un gran ego. Las personas que se encorvan por lo general carecen de autoestima o pueden estar deprimidas.

7. Observe sus movimientos porque dicen mucho sobre sus emociones, creencias y percepciones. Si una persona se inclina hacia usted, significa que le gusta. Si una persona

está escondiendo sus manos, significa que está mintiendo o escondiendo algo. Si ve a alguien mordiéndose los labios o las uñas, puede estar ansioso, preocupado o bajo presión.

Para conocer mejor a otras personas y conectarse con ellas, hay que observar habitualmente sus movimientos y expresiones faciales. Una persona feliz tiende a sonreír o reír mientras que la boca de una persona triste puede ser ligeramente escondida, como una mueca.

He aquí una lista de microexpresiones y movimientos comunes asociados con las emociones:

- Enojo - lenguaje corporal agresivo, caminar con movimientos exagerados de los brazos, desaprobar con los ceños fruncidos, apretar el puño, movimientos repentinos, gruñidos, cara enrojecida.
- Ansiedad - sudor frío, inquietud, temblor de la voz, temblores, falta de contacto visual, pulso alto, brazos cruzados, ojos húmedos, labios temblorosos y cara pálida.
- Vergüenza - cara sonrojada o sonrisa falsa.

- Felicidad - sonrisa, ojos brillantes, relajación de los músculos y lenguaje corporal abierto.

- Sorpresa - boca abierta, ojos muy abiertos, movimiento hacia atrás y cejas levantadas.

La gente a su alrededor está luchando batallas de las que usted no sabe nada. Para sentir empatía con otras personas y entenderlas plenamente, hay que tener curiosidad por los sentimientos de los demás.

La curiosidad por los sentimientos de los demás puede ayudarlo a construir conexiones más profundas y le permite sentir empatía con ellos.

En su oficina, observe a sus compañeros de trabajo - cómo se visten, su postura, el tono de su voz y su disposición. ¿Están sonriendo? ¿Tienen un lenguaje corporal agresivo? ¿Cómo hablan? Preste atención a las señales verbales y no verbales.

Tip # 6: Deje de vender su alma por un cheque de pago

El estrés es un asesino silencioso. Puede impedir que usted viva la vida que desea y merece. También puede destruir su salud. Demasiado estrés puede afectar su salud emocional y puede disminuir significativamente su inteligencia emocional.

Así que, para aumentar su inteligencia emocional, tiene que dejar de vender su alma por un cheque de pago.

Si su trabajo lo está matando lentamente por dentro, sólo tiene que dar un paso atrás. ¿Se siente perdido con frecuencia? ¿Cree que ha dejado de crecer? ¿No estás contento con su trabajo? Si es así, entonces podría ser el momento de dejar de fumar y conseguir un trabajo que alimente su espíritu.

Recuerde que es una tontería perder la cordura por un trabajo. Si siente que su trabajo está chupando su alma y haciéndolo enojar cada minuto, deberías considerar conseguir uno nuevo. Encuentre un trabajo que le entusiasme y le dé un fuerte sentido de propósito. ¿Qué es lo que realmente quiere hacer? ¿Qué le hace perder la noción del tiempo? ¿Por qué quieres que lo conozcan?

Tip #7: Identifique sus desencadenantes emocionales

Los desencadenantes emocionales son eventos, personas, palabras, cosas y situaciones que evocan ciertas emociones.

Para manejar efectivamente sus emociones, usted tiene que identificar qué es lo que las desencadena. Conocer sus desencadenantes emocionales le permite equilibrar sus emociones y su lógica. Recuerde, usted no puede controlar a otras personas, sus pensamientos, acciones y comportamientos, pero sí puede controlar cómo reacciona ante ellos.

El no saber cuáles son sus desencadenantes emocionales hará que le sea difícil regular sus emociones. Esto le puede ayudar a lidiar con las emociones dolorosas de una manera saludable y digna.

Siéntese en una silla y respire profundamente. Cierre los ojos e imagínese que está en el lugar de trabajo. Alguien le está pidiendo que haga algo que no quiere hacer. ¿Cómo se siente? ¿Siente un profundo resentimiento? ¿Siente enojo? ¿Siente que violan de alguna manera su espacio? Tome tiempo para identificar y sentir sus emociones. Si usted siente una emoción intensa y palpitante en su pecho, entonces el que le pidan que haga algo que usted no quiere hacer puede desencadenar ansiedad y enojo.

Respire profundamente otra vez. Ahora, imagine que alguien le está dando un regalo. Visualícese desenvolviendo el regalo. ¿Se siente amado o apreciado? ¿Siente una intensa gratitud? ¿Siente vergüenza, como si no mereciera el regalo? Tómese un minuto o dos para examinar sus emociones y sienta esas emociones.

Ahora, piense en su mascota, si tiene una. ¿Se siente feliz cuando piensa en su perro? ¿Se siente culpable? ¿Se siente preocupado porque no está cuidando bien a su mascota?

Cambie su mente de nuevo a su lugar de trabajo. ¿Cómo se siente cuando su compañero de trabajo le está faltando el respeto. ¿Siente una ira intensa? ¿Siente que vas a explotar? ¿Permite que estos comentarios irrespetuosos le lleguen? ¿Siente vergüenza? ¿Se siente pequeño?

Ahora, exploremos los desencadenantes emocionales más profundos. Imagine que su amiga más cercana consiguió el trabajo de sus sueños. Ahora gana seis cifras al mes. ¿Se siente celoso? ¿Siente resentimiento? ¿Siente que merece el éxito más que ella? ¿Siente ansiedad porque no está donde se supone que debe estar en la vida?

Tómese su tiempo para escuchar lo que siente después de leer cada frase. Esto le ayudará a determinar sus desencadenantes emocionales más profundos.

También puede identificar sus desencadenantes emocionales contestando las siguientes preguntas:

1. *¿Qué lo hace sentir amado?*

2. *¿Qué lo hace enojar?*

3. *¿Qué lo hace feliz? ¿Qué es lo que hace que su corazón salte de alegría?*

4. *¿Qué es lo que le molesta?*

5. *¿Qué le da miedo?*

6. *¿Qué le hace sentir culpable? ¿Tiene sentimientos ocultos de culpa?*

7. *¿Qué lo pone triste?*

8.   *¿Qué lo vuelve loco?*

Identificar sus desencadenantes emocionales le da una fuerte sensación de control. Le permite responder adecuadamente a situaciones incómodas. También le ayuda a alcanzar el crecimiento y la madurez emocional.

No reaccione a sus desencadenantes emocionales de inmediato

Para evitar convertirse en un esclavo de sus emociones, tiene que reaccionar de una manera saludable. Si reacciona a un desencadenante emocional de inmediato, puede decir algo de lo que se puede arrepentir. Tome a Greg como ejemplo. Greg es un soltero emocionalmente disponible que nunca conoció a su madre. Así que toda su vida ha deseado el amor de una madre, pero no es consciente de ello. También es un exitoso hombre de negocios que no tiene planes de establecerse en ningún momento. Está en un momento de su vida en el que sólo quiere salir con mujeres y divertirse. Entonces, conoció a una mujer llamada Lola.

Lola es una chica encantadora y tiene un fuerte instinto maternal. Ella es amable, pero le han roto el corazón demasiadas veces. Después de dormir juntos por primera vez, Lola preparó una comida caliente para Greg. Se sorprendió porque nadie lo había hecho antes, estaba acostumbrado a comer en el microondas. Sintió una intensa sensación de alegría que no puede controlar, así que pronunció las palabras "Te amo". Pero, él no quiso decir esas palabras. Estaba atrapado en el momento. Ese momento incómodo fue el punto de inflexión de su relación. Greg comenzó a alejarse y Lola estaba destrozada una vez más.

La mejor manera de controlar sus emociones es retrasar su reacción. Retrasar su reacción le permite responder a los desencadenantes emocionales de una manera calmada y lógica.

Cuando escuche algo que lo haga enojar, respire profundamente. No reaccione de inmediato. Cuente de uno a diez y siga respirando. Piense antes de abrir la boca para no decir algo de lo que se arrepienta más tarde.

Tip #8: Aprenda a Controlar el Estrés

Como se mencionó anteriormente en este libro, el estrés disminuye su capacidad para controlar sus emociones. Cuando usted está estresado, es más probable que se sienta ansioso y deprimido. Tendrá cambios de humor.

El estrés no sólo disminuye su inteligencia emocional, sino que también puede causar serios problemas de salud como dolor de cuello, dolores de cabeza por tensión, ansiedad, problemas gastrointestinales, obesidad, insomnio, fatiga crónica, artritis, diabetes e hipertensión arterial.

Para aumentar su inteligencia emocional, usted debe aprender a manejar el estrés. He aquí una lista de 100 acciones que usted puede hacer para reducir el estrés.

- Vea una película inspiradora. Puede ver "La vida es bella (La Vita è Bella)" o una famosa película india llamada "Three Idiots". Estas películas dan esperanza y ayudan a superar un mal día.

- Haga garabatos sobre un papel usando pintura o lápices de colores.

- Duerma lo suficiente. Usted tendrá problemas para controlar sus emociones si no duerme.

- Diga "no" más a menudo para evitar extenderse demasiado.

- Use su tiempo sabiamente. Manténgase alejado de las cosas que le hacen perder el tiempo.

- Despeje su vida. Organice su dormitorio y su espacio de trabajo.

- Vea vídeos divertidos en YouTube.

- Lea un libro inspirador.

- Escriba citas de un libro inspirador.

- Mire las estrellas.

- Cante una canción alegre.

- Silbe. Silbar reduce el estrés y lo hace más feliz.

- Haga su propio diario de viaje.

- Vaya a un lugar donde nunca ha estado.

- Vaya a trabajar temprano.

- Levántese temprano para que tenga sufiicente tiempo.

- Escuche música relajante y melodías alegres.

- Bese o abrace a alguien que ama.
- Salga y sienta el sol en su cara.
- Baile como si nadie lo viera.
- Pruebe la aromaterapia. El aroma de lavanda ayuda a reducir el estrés.
- Que le den un masaje.
- Beba té caliente.
- Haga yoga.
- Coma un pequeño trozo de chocolate negro.
- Realice una desintoxicación digital y apague su smartphone.
- Siempre que se sienta abrumado, tome una siesta.
- Vaya a nadar ya que es extremadamente relajante.
- Mire algunas fotos de gatos.
- Vaya a dar un paseo.
- No cambie su sueño por trabajo. Su salud es más importante que su trabajo.
- No cree un drama innecesario en su vida.
- No trate de hacer todo usted solo. Intente conseguir ayuda cuando la necesite y aprenda a delegar.
- Deje de preocuparse.

- Tome un largo baño.
- Haga algo que le apasiona.
- Simplifique su vida.
- Siempre tome su baño y su descanso para almorzar.
- Deje de fumar.
- Sea paciente.
- Aprenda a priorizar.
- Hable con un amigo de confianza.
- Juegue con su mascota.
- Vaya a un museo.
- Beba más agua.
- Intercambie chistes con un amigo.
- Tome un bocadillo rápido.
- Apriete una bola de anti-estrés.
- Beba un vaso de jugo de naranja diariamente.
- Vaya al sauna.
- Si tiene una relación cercana con su mamá, llámela. Esto ayuda a liberar el estrés.
- Cierre su correo electrónico. No lo vea durante unos días.
- Beba té negro. Es extremadamente relajante.
- Si tiene un trabajo tóxico, comience a buscar uno nuevo.

- Camine al trabajo.
- Coma un tazón de frutas coloridas y deliciosas.
- Flote en el agua.
- Haga un viaje a la playa más cercana.
- Vaya a un lugar tranquilo.
- Sólo déjelo salir.
- No beba café.Le hace sentir más agitado.
- Lleve un diario y escriba sobre sus experiencias diarias.
- Haga cosquillas a su perro o gato.
- Detenga un mal hábito.
- Haga copias de documentos importantes. Esto le ahorrará mucho tiempo.
- Compre ropa nueva. Pero, haga esto sólo de vez en cuando. La terapia de compras no es una buena solución para el estrés.
- Aprenda un nuevo idioma o adquiera una nueva habilidad.
- Compre algo de arte.
- Córtese el pelo.
- Tome un poco de aire fresco.
- Camine alrededor del parque.

- Si puede, vaya a Islandia. Es uno de los países más bellos del mundo.

- Establezca prioridades. Esto le ahorrará situaciones estresantes más adelante.

- Pida ayuda.

- Camine bajo la lluvia. Se siente bien.

- Abrace a un amigo sin ninguna razón.

- Tararee una canción popular.

- Vaya de picnic con un ser querido.

- Vea una buena película y coma palomitas de maíz caseras.

- Elogie a los demás.

- Recuerde que usted siempre tiene una opción. Siempre puede salir de una situación que no le gusta.

- Deje de intentar arreglar a otras personas.

- Rocíe aceite de vainilla en su habitación antes de irse a dormir.

- Conéctese con la naturaleza tan a menudo como pueda.

- Deshagase de todo lo que ya no le sirve.

- Salga de deudas.

- Hable menos y escuche más.

- Viaje más.

- Ríase todos los días.
- Pague su tarjeta de crédito todos los meses. Esto puede ahorrarle mucho estrés.
- Rocíe los aromas frutales.
- Tome una clase de salsa.
- Repinte tu habitación.
- Cultive una planta.
- Pruebe a surfear.
- Coma muchas verduras y frutas.
- Vaya a esquiar durante la temporada de invierno.
- Intente patinar.
- Apunte bajo. Si usted establece sus estándares demasiado altos, se decepcionará con demasiada frecuencia.

Es más fácil para usted dominar y controlar sus emociones cuando está relajado. Después de un largo día de trabajo, quítese los zapatos y mire una buena película. Es bueno para su salud emocional.

Tip #9: Aprenda a manejar a las personas difíciles

Para salvar su cordura, aléjese de la gente tóxica o de los vampiros de energía. Pero, ¿cómo reconoce a esta gente? Estas son las características más comunes de las personas tóxicas:

- Tienden a ser críticos. Criticarán a otras personas para que se sientan mal consigo mismas.
- No se disculpan cuando se equivocan.
- Son manipuladores.
- Lo hacen trabajar para su aprobación.
- Siempre tienen razón.
- Se quejan constantemente.
- Le quitan mucho tiempo.
- Crean drama.
- Le mentirán constantemente.
- Son egoístas.
- Se hacen pasar por la víctima.
- Pueden ser temperamentales.
- Les falta compasión.

- Lo tratan mal.
- Lo sacrificaron.
- Lo culpan por sus problemas.
- Están a la defensiva.
- No cumplen sus promesas.
- Tienen problemas de ira.
- Lo explotan.
- Son amargados y vengativos.
- Lo presionan a hacer cosas.
- Ocultan el afecto.
- Son egoístas y tacaños.
- Usan halagos o dinero para controlarlo.
- Juegan juegos.

Para proteger su autoestima, tiene que mantenerse alejado de las personas tóxicas y rodearse de personas que lo quieren por lo que es. Rodeese de gente que lo inspire a ser una mejor persona.

Es difícil manipularlo si tiene una imagen positiva de usted mismo. Tener confianza en sí mismo aumenta su poder para regular sus emociones.

Tip #10: Recuperarse de la adversidad

La resiliencia es un signo de alta inteligencia emocional. Se define como la capacidad de recuperarse de la adversidad.

La resiliencia le ayuda a aferrarse a sus sueños, incluso cuando se enfrenta a dificultades. Le ayuda a salir de un evento traumático y lo mantiene en el asiento del conductor de su vida. Le ayuda a aprovechar el crecimiento postraumático.

La resiliencia es un músculo invisible que se puede desarrollar con el tiempo siguiendo estos pasos:

1. Derivar el significado de una situación difícil.

Esto puede sonar como un cliché, pero todo sucede por una razón. Si deja que sus emociones saquen lo mejor de usted, nunca será capaz de levantarse de un evento traumático. Sólo tiene que parar y darle sentido a lo que le está pasando.

J.K. Rowling estaba desempleada, deprimida y separada de su marido cuando ella tenía treinta y pocos años. Ella era pobre y su salud mental se estaba deteriorando. Pero, ella tuvo una gran idea y mucho talento. Y así, escribió el primer libro de Harry Potter. Hoy en día, Harry Potter es considerado una joya literaria que la gente de todas las edades ama. Si J.K. Rowling tuviera éxito en su trabajo de oficina, no tendría tiempo para escribir Harry Potter.

Echemos un vistazo a la historia de Elizabeth, una ejecutiva de relaciones públicas. Hace tres años, la hermana de Elizabeth murió de cáncer de mama. Realmente le rompió el corazón, pero decidió sacar lo mejor de la situación. Ella construyó una base para pacientes con cáncer de mama que no pueden pagar el tratamiento. Conoció a un gran hombre llamado Harry en uno de sus eventos de recaudación de fondos. Se casaron un año después.

Recuerde que siempre hay una razón por la que las cosas pasan. Siempre hay una razón por la que perdemos a la gente que amamos.

2. Considere sus dificultades como una oportunidad.

Aquí está la verdad, un desafío es una oportunidad. Es una oportunidad para que crezca y se vuelva más fuerte. Es una oportunidad para que usted tome mejores decisiones, aprenda de sus errores y se vuelva más sabio.

3. Concéntrese en lo que puede controlar.

No puede controlar todo lo que pasa en su vida. Por eso es importante centrarse en lo que se puede controlar.

4. Imagine un resultado positivo.

La visualización es una herramienta poderosa que puede utilizar para atraer el resultado deseado. También le da esperanza y lo ayuda a relajarse en tiempos difíciles. Por lo tanto, cuando esté al borde de un colapso emocional, cierre los ojos e imagine un resultado positivo. Imagínese elevándose por encima de su situación actual y logrando todo lo que podría esperar en la vida.

La vida nos patea el trasero de vez en cuando. Por lo tanto, tiene que desarrollar ese músculo invisible llamado resiliencia para que tenga la fuerza para contraatacar.

Tip # 11: Controle su temperamento

Mel Gibson es un actor carismático. Pero, tiene serios problemas de ira. Es un conocido racista y homófobo. Cuando fue arrestado por conducir bajo la influencia del alcohol, pronunció comentarios antisemitas. También tiene una larga historia de abuso doméstico, llamando a su ex esposa una cazafortunas y una prostituta.

Mel Gibson es guapo y talentoso, pero eso no es suficiente para triunfar en la industria del entretenimiento. Usted también debe tener buenas habilidades con la gente. El público está harto de las quejas y el mal genio de Gibson. Así que, ahora, prácticamente no tiene carrera.

Si quiere tener éxito en la vida, tiene que aprender a controlar su temperamento. Puede hacerlo siguiendo estos consejos:

1. Piense antes de hablar. Esto le impedirá decir cosas de las que se arrepentirá más adelante. Es mejor contar de uno a diez antes de responder a algo que lo hace enojar.

2. Si cree que va a explotar en cualquier momento, de un paso atrás y vaya a un lugar tranquilo. También puede ponerse un par de tapones para los oídos y escuchar buena música.

3. Repita palabras relajantes como "tómatelo con calma".

4. Cuando esté listo, exprese su enojo de una manera saludable. Puede gritar en una almohada o salir a correr para liberar la energía negativa. También puede desahogarse con un amigo de confianza. Puede liberar la tensión haciendo actividades creativas como pintar o bailar.

5. Deje de hablar de cosas que lo enojan y manténgase alejado de las cosas que desencadenan su enojo. Aprenda a dejar ir sus pensamientos de enojo ya que no le sirven.

Si su temperamento se le está yendo de las manos, puede ser una buena idea buscar ayuda profesional.

Tip #12: Maneje sus impulsos

El control de los impulsos es una poderosa competencia de inteligencia emocional que usted puede usar para resolver problemas y construir una vida exitosa. Refleja su capacidad para mostrar moderación cuando se enfrenta a tentaciones. También refleja su capacidad para controlar la agresión y mostrar un comportamiento irresponsable.

La gestión de impulsos aumenta su credibilidad y confiabilidad. También aumenta su conciencia, adaptabilidad y autocomprensión. Si no puede controlar sus impulsos, puede sufrir los siguientes síntomas:

- Obesidad
- Agresión
- Robar
- Mentir
- Depresión
- Pensamientos obsesivos
- Falta de paciencia
- Ansiedad

- Comportamiento criminal

Si no tiene la capacidad de controlar sus impulsos, tiene la tendencia a sacar conclusiones precipitadas y enviar mensajes de texto o correos electrónicos cargados emocionalmente.

Para controlar sus impulsos, tiene que hacer lo siguiente:

1. Practique la autodisciplina. No espere hasta que esté de humor para hacer cosas.

2. Coma saludablemente.

3. Debe tomar una decisión consciente de tomar pequeñas acciones para acercarse a sus metas. ¿Quiere correr? Corra durante 10 minutos. ¿Tiene que hacer un informe? Escriba algunos párrafos. La clave de la autodisciplina es empezar de cero.

4. Si tiene problemas con el TDAH, haga un entrenamiento a intervalos. Concéntrese en su trabajo durante cinco minutos y luego, dese

cinco minutos para hacer otra cosa. Luego, aumente su tiempo de trabajo a diez minutos. Tómese otro descanso de cinco minutos. Después del descanso, concéntrese en su trabajo durante 30 minutos. Esta estrategia le ayuda a comenzar y terminar la tarea que tiene entre manos.

5. Celebre su éxito. Dése un dulce después de escribir un informe de 10.000 palabras. Se lo merece!

Controlar sus impulsos no es tan difícil como cree. Así que, controle sus impulsos ahora antes de que ellos lo controlen a usted.

Tip # 13: Practique la humildad

A nadie le gusta la gente engreída. Para aumentar su inteligencia emocional y su simpatía, debe practicar la humildad.

Según unos estudios, las personas humildes exhiben un mayor autocontrol. Tienen mejor desempeño en el trabajo, calificaciones más altas y mejores relaciones. También son menos críticos.

Pero, ¿qué es la humildad? La verdadera humildad no se trata de pensar menos de ti mismo. Se trata de pensar menos en ti mismo. Es exactamente lo contrario del narcisismo y el orgullo. La gente humilde no tiene problemas para admitir sus errores.

Si usted es una persona orgullosa por naturaleza, aquí tiene una lista de consejos que puede usar para cultivar la humildad:

1. Tenga una evaluación clara de su autoestima. La gente humilde también tiene confianza en sí misma. Ellos saben lo que valen, así que no ven la necesidad de sacrificar

a otras personas sólo para validar su importancia.

2. Ponga a los demás primero.

3. No hable demasiado de usted mismo.

4. Aprenda a aceptar la retroalimentación.

5. No busque admiración.

6. Ayude a otras personas a tener éxito.

7. Aprenda de otras personas.

La humildad le permite conectarse fácilmente con los demás. También aumenta el nivel de su felicidad.

Tip #14: Averigüe por qué la gente actúa de la manera que lo hace

Christopher y Celine llevan casados dos años. Tienen una gran casa y se quieren mucho. Pero, tienen un problema. Christopher es un hombre celoso. Se enoja cuando Celine habla con otros hombres.

Celine no puede entender por qué Chris está celoso todo el tiempo. Un día, se hartó de los celos de Chris y lo dejó.

Pero, esta es la verdad sobre Chris. Cuando estaba en la secundaria, se enamoró de una mujer llamada Taylor. Estuvieron juntos durante tres años hasta que la pilló en la cama con su mejor amigo. Lo destrozó. Quería confiar en Celine, pero el dolor causado por la traición de Taylor era demasiado profundo. Si Celine se hubiera tomado el tiempo de hacer que Chris se abriera sobre Taylor, podría haber salvado su matrimonio.

Aquí está la dura verdad: el mundo no gira en torno a usted. Tiene que dejar de tomarse las cosas a pecho y descubrir por qué la gente actúa de la manera en que lo hace. Esto le ayuda a entender a otras personas a un nivel más profundo. Por ejemplo, su jefe no lo microgestiona porque usted es incompetente. Ella maneja a su personal porque tiene miedo de no tener el control. Su hija no miente porque piense que usted es indigno de su respeto. Miente porque se siente inadecuada y tiene miedo de decepcionarlo.

Observe el comportamiento de otras personas y luego, tómese el tiempo para identificar la causa raíz detrás de sus comportamientos. Esto no sólo aumenta su inteligencia emocional, sino que también le permite construir relaciones más profundas y significativas.

Tip #15: Aprenda a tomar críticas constructivas

¿Se pone a la defensiva cuando alguien le está dando una retroalimentación? ¿Le cuesta aceptar sus debilidades? Si es así, tiene una baja inteligencia emocional.

Algunas personas lo criticarían para menospreciarlo y hacerle sentir mal consigo mismo. Pero algunas personas lo criticarían para ayudarlo a mejorar. Debería dejar de lado las críticas destructivas. Pero, también debe aprender a aceptar las críticas constructivas.

Cuando alguien le está dando una retroalimentación, necesita seguir estos consejos:

1. Respire profundamente y escuche cada palabra que la otra persona está diciendo. No descarte la retroalimentación y trate de escuchar para entenderla.

2. Exprese su gratitud y agradezca a la otra persona por sus comentarios. Usted puede simplemente decir: "Realmente aprecio que se

esté tomando el tiempo para discutir este asunto conmigo. Gracias por sus comentarios". Esto no significa que usted esté de acuerdo con la evaluación de la otra persona. Sólo significa que es lo suficientemente maduro para manejar la retroalimentación.

3. No tome la crítica como algo personal. Una retroalimentación negativa no es un insulto. Es sólo una observación.

4. Pídale a la persona que le está dando la retroalimentación que le ayude a mejorar sus áreas débiles.

5. Elabore un plan de acción y presente su progreso. De esta manera, la otra persona sabe que usted realmente está trabajando en sus áreas de mejora.

Recuerde que la crítica constructiva es buena para usted. Por lo tanto, tiene que dejar su ego en la puerta y tomarse el tiempo para escuchar la retroalimentación. Esto le permite maximizar su potencial de crecimiento.

Tip #16: Practique la empatía

La empatía es una habilidad que le permite conectarse con otras personas en un nivel mucho más profundo. Motiva el altruismo y le permite preocuparse verdaderamente por los demás. Crea confianza y ayuda a desarrollar amistades significativas.

He aquí una lista de consejos que puede utilizar para desarrollar la empatía:

1. Aprenda a escuchar.

Escuchar no sólo le permite establecer una profunda conexión con otra persona. También aumenta su conocimiento y le permite entender la perspectiva de otras personas. Escuchar intensifica la conversación y también ahorra dinero. Si su trabajo implica negociar con otras personas o con un grupo de personas, escuchar es una habilidad importante que debe aprender porque le permite superar la resistencia. También le ayuda a tomar decisiones acertadas.

Cuando hable con alguien, mírelo a los ojos y trate de escuchar cada palabra que dice. Asiente con la cabeza mientras habla para que sepa que realmente la está escuchando. Si está transmitiendo una instrucción, asegúrese de recapitular para asegurarse de que usted entendió la instrucción claramente. Este hábito aumenta su eficiencia, especialmente si usted está en una sociedad de clientes o en una industria de servicio al cliente. Esto reduce los malentendidos y mejora sus relaciones. También le ayuda a descubrir oportunidades.

Si usted está en una relación con alguien, nunca desanime a su pareja cuando él/ella está expresando sus preocupaciones. Escuchar puede ayudarle a salvar su relación.

2. Sea tolerante.

Las personas son criadas en diferentes ambientes. Cada uno pasa por experiencias únicas y diferentes cada día. Para aumentar su inteligencia emocional, tiene que ser más tolerante con los puntos de vista de los demás.

Si alguien está expresando una opinión que es diferente a la suya, aprenda a escucharla, sin prejuicios. Trate de entender el punto de vista de la otra persona y, a continuación, acepte el desacuerdo.

Por ejemplo, usted desprecia al presidente Donald Trump, pero su amigo es un partidario incondicional de Trump. Antes de entrar en una discusión acalorada con su amigo, trate de escuchar sus puntos de vista. Él tiene sus razones para apoyar al hombre, y usted tiene sus propias razones para no hacerlo. Después de escucharlo, acepte no estar de acuerdo. Se puede decir algo como: "Entiendo lo que dices, pero no estoy de acuerdo con ese punto de vista. Pero, te entiendo y está bien no estar de acuerdo de vez en cuando. Podemos tener diferentes puntos de vista y seguir siendo amigos".

3. Mostrar vulnerabilidad.

Para ponerse en el lugar de los demás, también tiene que mostrar su propia vulnerabilidad. Tiene que mantenerse real y comunicar abiertamente sus necesidades.

Si alguien está compartiendo una experiencia difícil con usted, escuche atentamente y hágale saber que usted entiende. Luego, muestre su vulnerabilidad y comparta sus propias experiencias. Por ejemplo, si una compañera de trabajo comparte su difícil relación con sus padres, escuche atentamente y exprese su comprensión. Luego, comparta su propia experiencia y lo difícil que es su relación con su madre. Esto no sólo aumenta su empatía, sino que también le permite profundizar su relación con la otra persona.

4. Trate de entender las perspectivas de otras personas.

Las personas tienen diferentes formaciones y todos crecieron en diferentes ambientes. Por lo tanto, es normal que tengamos perspectivas diferentes. Para aumentar su empatía e inteligencia emocional, tiene que tratar de entender las perspectivas de otras personas, incluso si son diferentes a las suyas. Una vez que vea por qué otras personas creen en lo que creen, valídelo. Recuerde que la validación no es lo mismo que el acuerdo. Puede aceptar las creencias de otras personas sin estar de acuerdo con ellas.

5. Anime a otras personas.

No camine sobre los sueños de otras personas. Anime a las personas que ama a seguir sus sueños y perseguir las cosas que les apasionan.

Por ejemplo, su amiga de treinta años le dice que quiere empezar una carrera como cantante. En lugar de decirle que es imposible para una recién llegada de su edad triunfar en la industria de la música, simplemente anímela. Déle la fuerza para dar pequeños pasos hacia sus sueños. Usted puede ayudarla a encontrar un trabajo de cantante de salón a tiempo parcial en hoteles y casinos. También puede animarla a tomar lecciones de voz para perfeccionar su talento.

6. Sonría a otras personas.

Una sonrisa tiene un efecto mágico en la gente. Libera hormonas felices y lo hace más agradable. También lo hace parecer accesible.

7. Pruebe la vida de otra persona por un minuto.

Por ejemplo, usted es un contador exitoso. Tiene un trabajo estable y le gustan las rutinas. Tiene varios amigos que son nómadas digitales. Para entender a sus amigos, trata de vivir su vida de vez en cuando. Trabaje en proyectos freelance mientras viaja o está de vacaciones. Esto le ayudará a entenderlos mejor.

8. Intente imitar a otras personas.

Reflejar a otras personas le ayuda a entrar en sus espíritus. Le ayuda a persuadirlos o influenciarlos.

La gente es narcisista por naturaleza. Por ejemplo, probablemente le gusta verse en otras personas. Es más probable que escuche a las personas que se parecen a usted, que hablen como usted o que compartan su punto de vista.

Si usted aspira a ser un líder, debe tener la habilidad de influenciar en otros. Y puede hacer esto reflejándose en otras personas.

Primero, tiene que mantener el contacto visual. Esto hace que la otra persona sienta que tiene toda su atención. Les hace sentir que son el centro del universo en ese momento.

Ahora, asiente con la cabeza cuando escuche. Luego, comience a imitar las acciones de la otra persona. Si la otra persona se rasca la cabeza, rasque la suya. También puede imitar el tono de voz y el estilo de habla de la otra persona.

El reflejo crea confianza. Puede usarlo para desarrollar empatía e inteligencia emocional. También puede usarlo para influenciar en otros. Puede utilizar esta técnica en varias situaciones. Puede usar esto cuando hable con su jefe o cuando intente convencer a sus subordinados de que vean su punto de vista. También puede usar esto para manejar una situación difícil.

Cuando usted está tratando de influenciar en otras personas, refleje sus palabras, su tono de voz, su ritmo, su lenguaje corporal, sus gestos con las manos e incluso la forma en que se visten. Si su pareja usa la palabra "impresionante" demasiadas veces, trate de usar esa palabra con frecuencia también.

9. Tratar a otras personas de la manera en que quieren ser tratadas.

Recuerde la Regla de Oro, "trata a los demás como quieres que te traten a ti". Si quieres cultivar relaciones más ricas y profundas, tiene que tratar a los demás de la misma manera que quiere que lo traten.

Observe a las personas que le rodean y preste atención a lo que quieren en lo más profundo de sus corazones. ¿Quieren respeto? ¿Quieren garantía o validación? ¿Quieren experimentar la independencia? ¿Tienen un fuerte deseo de inclusión? ¿Quieren aumentar su estatus social? ¿Quieren la paz?

Si un subordinado pide un poco de independencia y autosuficiencia, deje de microgestionarlo. No respire sobre su cuello. Déle suficiente libertad para que ejerza su creatividad. Dele espacio.

10. Usar declaraciones de empatía.

Cuando usted está hablando con alguien que está experimentando emociones intensas, es mejor usar declaraciones de empatía. Estas declaraciones hacen que la otra persona se sienta valorada y comprendida.

He aquí una lista de frases que puede usar para expresar su empatía. Pero, sólo use estas declaraciones si lo dice en serio:

- *"Si yo fuera tú, sentiría lo mismo, también."*
- *"Te entiendo."*
- *"Te entiendo. Lo que dices tiene sentido".*
- *"Tienes razón."*
- *"Eso suena frustrante. Si yo estuviera en tu posición ahora mismo, también me sentiría frustrado".*
- *"Debes estar realmente herido."*
- *"Eso suena aterrador."*
- *"Estoy de acuerdo contigo."*
- *"Lo estás haciendo muy bien."*
- *"Eso es difícil, pero me gusta cómo lo manejaste."*
- *"Eso debe ser realmente aterrador."*
- *"Eso no fue fácil."*
- *"Te escucho."*

- *"Te siento."*
- *"Siento que esto haya pasado."*
- *"Eso es tan decepcionante."*
- *"No me extraña que te sientas así."*
- *"Decidan lo que decidan, yo los apoyo".*
- *"Sé lo que se siente".*
- *"Sé lo frustrante que debe ser."*
- *"Eso es triste."*
- *"He pasado por lo mismo, así que te entiendo."*
- *"Yo habría hecho lo mismo."*
- *"Sí, es una situación difícil".*
- *"Entiendo por qué estás enfadado."*
- *"Si fuera tú, yo también estaría enfadado."*
- *"¡Eso es devastador!"*
- *"Tienes puntos válidos."*
- *"Ya veo por qué te sientes así."*
- *"Eso es totalmente frustrante."*

La empatía le ayuda a construir relaciones más profundas. Aumenta su influencia sobre los demás y también le permite hacer nuevos amigos.

Tip #17: Use el humor para aliviar su tensión

Use el humor para aliviar la tensión y ganar control sobre sus emociones. El humor alivia el dolor y también lo hace más agradable.

El humor también lo hace persuasivo. Reduce la hostilidad y ayuda a desviar las críticas. También lo distrae de las emociones negativas, sobre todo, lo hace sentir bien.

Trate de encontrar algo divertido en una situación difícil. Use el humor para desviar la tensión. Digamos que perdió su equipaje en el aeropuerto. Para disipar su enojo y frustración, trate de pensar en lo tonto que se vió cuando se enteró de que perdió sus maletas. Si esto no funciona, trate de pensar en algo gracioso como un video que hayasvisto en YouTube.

También, pruebe una nueva manía llamada yoga de la risa. Este tipo de yoga aumenta su felicidad y también le ayuda a hacer frente a circunstancias desagradables. El yoga de la risa relaja su cuerpo y le ayuda a lidiar con las emociones dolorosas de una manera saludable. Le hace estar más conectado a la tierra y lo ayuda a ganar claridad.

Para hacer esto, siéntese en una silla. Luego, empiece a aplaudir o a hacer caras. Séa tonto. Ser como un niño es la idea. Ahora, piense en algo gracioso. Luego, empiece a reírse desde su estómago. Ríase a carcajadas. Ríase como si estuviera loco.

Luego, cante la palabra "yay". Después de unos minutos, se sentirá más relajado. Sentirá esa alegría surgiendo de lo más profundo de usted.

Este ejercicio puede parecer tonto, pero es una buena técnica de manejo de las emociones. Ayuda a aliviar la tensión y el dolor y también lo hace más feliz.

Tip #18: Vamos "Oooommm"

Cuando esté estresado, perderá el sentido de quién es usted. Cuando esto sucede, su inteligencia emocional disminuye.

La meditación ayuda a mantenerse en sintonía con el espíritu disminuyendo el estrés. Esta práctica aumenta la felicidad y aumenta la autoaceptación. También ayuda a controlar las emociones minimizando los sentimientos negativos como la soledad, el enojo, la depresión y el miedo. Esto le ayudará a mantener la calma en situaciones estresantes.

Para practicar la meditación, necesita:

1. Busque un área privada donde pueda practicar la meditación. Es bueno meditar cerca de la playa o en medio del bosque. Pero, puedes practicar la meditación en la comodidad de su hogar. Puedes construir un área de meditación dentro de su dormitorio y decorarla con velas perfumadas y cojines.

2. Use ropa cómoda y apague sus aparatos electrónicos.

3. Siéntese en un cojín o en una silla. Cierre los ojos y respire profundamente.

4. Luego, escuche su respiración. Observe cómo su pecho sube y baja a medida que inhala y exhala. Concéntrese en su respiración. Si su mente comienza a vagar, redirija su mente de vuelta a su aliento.

5. Ahora, observe sus pensamientos. Cuando está solo, ¿en qué piensa? ¿Le preocupa el futuro? ¿Piensa en la comida? ¿Piensa en qué ponerse?

6. Observe sus emociones. Pregúntese a sí mismo, "¿cómo me siento? ¿Estoy triste o deprimido? ¿Hay un agujero en su ser que no puedes explicar? ¿Se sientes feliz o bienaventurado? ¿Está contento con su vida? ¿Está descontento con el resultado de su vida?

7. Tómese su tiempo para sentir estas emociones. No las silencie. Siéntalas, reconózcalas y luego suéltelas. Recuerde que todas las emociones son hermosas, incluso la ira o la tristeza. Por lo tanto, tómese su tiempo para procesar estas emociones. Tómese todo el tiempo que necesite.

8. Siga respirando profundamente mientras observa sus pensamientos de cerca. Haga esto durante unos cinco minutos.

9. Abra los ojos.

La práctica diaria de la meditación disminuye la respuesta de huida o de lucha ante el estrés. Aumenta su capacidad de control sobre sí mismo y sobre sus emociones durante los momentos difíciles. También aumenta su optimismo y le ayuda a resistir los impulsos destructivos.

La meditación no sólo aumenta su inteligencia emocional, sino que también le ayuda a lograr lo que todo el mundo quiere tener: paz mental. Para cosechar los beneficios óptimos de la meditación, practique la meditación diariamente. No tiene que dedicar mucho tiempo a la meditación. Usted puede simplemente meditar durante cinco minutos al día.

Tip #19: Practique la responsabilidad social

Practicar la responsabilidad social no sólo mejora su karma personal. También le permite disfrutar de altos niveles de experiencia emocional. Usted puede practicar la responsabilidad social de muchas maneras, incluyendo:

1. Respetar los derechos de los demás. No pise los dedos de los pies de otras personas.

2. Sea honesto y confiable.

3. Sea voluntario en proyectos comunitarios. Usted puede unirse a un proyecto de recaudación de fondos, plantar árboles o simplemente recoger la basura en su vecindario.

4. Sea compasivo. Tómese su tiempo para escuchar a las personas que le rodean y trate de llegar a ellos. Sonría más y practique buenos modales. Recuerde que las cosas sencillas pueden significar mucho para las personas que le rodean.

5. Sea un buen vecino. Si quiere ser visto como una persona madura y emocionalmente inteligente, debes ser bueno con sus vecinos considerando su estilo de vida. Si sus vecinos trabajan en el turno de noche, no ponga música alta durante el día.

6. Respete la propiedad ajena y devuelve las cosas que le han prestado.

Las pequeñas cosas pueden significar mucho para la gente que lo rodea. Por lo tanto, asegúrese de practicar la responsabilidad social día tras día.

Tip #20: Desarrolle el valor

El valor es la capacidad de mantenerse enfocado en una meta. Es una combinación de coraje, autodisciplina, conciencia, resistencia, confianza en sí mismo, optimismo, creatividad, pasión y perseverancia. Es la capacidad de seguir adelante incluso cuando se enfrentan circunstancias difíciles. El "tener agallas" también se conoce como fuerza mental.

Según los psicólogos, el valor es la clave del éxito. Es una cualidad que es más importante que el coeficiente intelectual.

Para desarrollar sus agallas, puede utilizar estos consejos:

1. Busque cosas que lo apasionen de verdad.

    Es fácil apegarse a algo que lo apasiona. Para aumentar su fuerza mental, concéntrese en las cosas que le apasionan. Consiga un trabajo que le excite.

2. Elija la esperanza y el optimismo.

Incluso cuando las cosas no van bien, elija mantener la esperanza. Crea que se acercan días mejores. Siempre elija mirar el lado positivo de las cosas.

3. Rodeese de gente valiente.

Para estar más motivado, tiene que rodearse de gente que tenga la capacidad de perseverar.

4. Practique la conciencia.

Haga lo mejor que pueda todo el tiempo. Sea organizado y practique la autodisciplina. Haga las cosas que dice que haría. No se rinda cuando las cosas se pongan difíciles.

5. Siga adelante.

Varios editores pensaron que Harry Potter no era lo suficientemente bueno. ¿Qué habría pasado si J.K. Rowling se hubiera rendido? Los ratones de biblioteca no tendrían la oportunidad de leer una de las gemas literarias modernas más preciosas.

Será rechazado de vez en cuando. También experimentará el fracaso en algún momento. Pero, si quiere lograr un gran éxito en la vida, tiene que seguir adelante. Nunca debe rendirse.

6. Acepte el cambio.

El cambio a veces es incómodo. Pero, es necesario. Si quiere crecer como persona, tiene que aprender a aceptar el cambio.

El cambio a veces es desagradable, pero es bueno para usted. Le permite salir de su zona de confort y expandir su horizonte.

7. Concéntrese en la solución.

En lugar de centrarse en el problema, concéntrese en la solución. Investigue más a fondo y trate las causas subyacentes de sus problemas.

8. Sea valiente.

Para aumentar su auto-motivación y valor, tiene que ser valiente. Tiene que tomar decisiones audaces. Recuerde, sin agallas, no hay gloria. No puede lograr un gran éxito a menos que sea valiente.

La automotivación le permite soportar circunstancias difíciles. Le da poder para seguir adelante incluso si se enfrenta a decepciones y fracasos.

Las personas con un bajo nivel de Inteligencia Emocional fácilmente renuncian a sus sueños. Pero, las personas con un alto nivel de Inteligencia Emocional eligen ponerse en marcha y usar sus fracasos como cicatrices de batalla.

Tip #21: Haga las cosas de manera diferente

Una de las técnicas más efectivas que puede utilizar para aumentar su inteligencia emocional es probar nuevas experiencias y salir de su zona de comodidad.

Salir de su zona de comodidad lo empuja a usar sus conocimientos e ingeniosidad sin explotar. Le ayuda a conocerse a si mismo un poco más íntimamente. También lo ayuda a crecer.

Haga un cambio en su rutina diaria. Usted puede simplemente usar otro champú o tomar una ruta diferente para ir al trabajo. Si se siente cómodo tomando riesgos mayores, hagalo. Usted puede viajar a nuevos lugares en los que no ha estado antes. Viajar le ayuda a descubrir cosas sobre usted mismo. Descubra su alegría interior.

Tomar riesgos mejora su inteligencia emocional al aumentar su autoconciencia. También reduce la ansiedad asociada con los riesgos. Le ayuda a crecer y aumenta su madurez.

Ryan James

Conclusión

Gracias de nuevo por la compra de este libro.

Espero que este libro haya podido aumentar su inteligencia emocional. Ahora, hagamos un repaso rápido de lo que hemos aprendido en este libro:

- ✓ La inteligencia emocional es un rasgo importante. Es la clave del éxito. Muchos psicólogos piensan que la Inteligencia Emocional es aún más importante que el Coeficiente Intelectual.
- ✓ Para aumentar su inteligencia emocional, tiene que ser consciente de sus emociones.
- ✓ Tómese su tiempo para sentir sus emociones. Recuerde que todas las emociones son hermosas.
- ✓ Haga una lista de sus fortalezas y debilidades.
- ✓ Fíjese metas. Fijar objetivos no sólo aumenta su motivación. También aumenta su capacidad para regular sus emociones.

✓ No reaccione a sus emociones de inmediato. Si siente una emoción negativa intensa, cuente de uno a diez antes de reaccionar.

✓ Reemplace sus emociones negativas con emociones positivas.

✓ Empatizar con la gente que lo rodea. La empatía le permite construir relaciones más significativas. También aumenta su influencia y simpatía.

✓ Desarrolle el valor.

La inteligencia emocional es algo que se puede desarrollar con el tiempo. Le ayuda a manejar situaciones difíciles y a expresarse con claridad y le ayuda a ganar el respeto de los demás.

Gracias!

Antes de que se vaya, sólo quería darle las gracias por comprar mi libro.

Podría haber escogido entre docenas de otros libros sobre el mismo tema, pero tomó el riesgo y elegió éste.

Así que, un ENORME agradecimiento a usted por conseguir este libro y por leerlo todo hasta el final.

Ahora quisiera pedirle un pequeño favor. ¿Podría tomarse unos minutos para dejar una reseña de este libro sobre Amazon?

Esta retroalimentación me ayudará a continuar escribiendo el tipo de libros que le ayudarán a obtener los resultados que desea. Así que si lo disfrutó, por favor, hagamelo saber!